48 FORTÆLLINGER, DEJLIGE STEDER OG GRATIS GLÆDER

RINGKØBING FJORD RUNDT

48 FORTÆLLINGER, DEJLIGE STEDER OG GRATIS GLÆDER

RINGKØBING FJORD RUNDT

Forfatter: Kenneth Jensen
Fotograf: Magic Moments by Marianne
Opsætning: iBooks Author
Skrift: Helvetica Neue og Helvetica
Korrektur: www.mariebisgaard.dk
Forsidefoto: Nymindegab Redningsstation
Udgave: 1. udgave
Udgivet: 2024
Forlag: BoD • Books on Demand GmbH, In de Tarpen 42, 22848 Norderstedt, Tyskland
Tryk: Libri Plureos GmbH, Friedensallee 273, 22763 Hamborg, Tyskland
ISBN: 978-87-4305-812-0

Copyright: 2024 Kenneth Jensen

Enhver hel eller delvis kopiering på tryk, elektronisk eller på anden måde, må kun ske efter udtrykkelig forudgående aftale med forfatteren.

INDHOLDSFORTEGNELSE

FORORD side 5

KORT side 7

01 HAURVIG BÅKE side 8

02 VINTERLEJE HAVN side 10

03 HAURVIG KIRKE side 12

04 MISSIONSHUSET side 14

05 HAURVIG REDNINGSSTATION side 16

06 ÅRGAB BÅKE side 18

07 VESTLED side 20

08 BUNKERE PÅ TROLDBJERG side 22

09 TYSKERHAVNEN side 24

10 LYNGVIG HAVN side 26

11 BAGGES DÆMNING side 28

12 SKARNSKVINDENS GRAV side 30

13 GAMMELSOGN SKOLE side 32

14 LATINERKVARTERET side 34

15 KUBEN side 36

16 FJORDSTIEN side 38

17 RØDE KRO side 40

18 HELLIG KORS KLOSTER side 42

19 DEJBJERG KIRKE side 44

20 KYSTBATTERI STAUNING side 46

21 STAUNING HAVN side 48

22 TRÆKFÆRGEN BLISHØNEN side 50

23 REBERBANEN side 52

24 KONG HANS BRO side 54

25 HATTEMAGERENS HUS side 56

26 ÅDUM-STENEN side 58

27 HISTORIESTIEN side 60

28 GLIBSTRUP HEDE side 62

29 KVONG KIRKE side 64

30 LØNBORG HEDE side 66

31 LØNBORG BORGBANKE side 68

32. FLYMINDEPLADSEN side 70

33 LYDUM MØLLE side 72

34 LUNDE BARFRED side 74

35 VRØGUM KÆR side 76

36 KÆRGÅRD BÅKE side 78

37 DE TILSANDEDE EGE side 80

38 FILSØ side 82

39 HENNE MØLLE Å side 84

40 BLÅBJERG STENEN side 86

41 SOLDATERGRAVEN side 88

42 PARADISSTIEN side 90

43 LØNNE GL. KIRKEGÅRD side 92

44 HATTEBJERGET side 94

45 NYMINDEGAB REDNINGSSTATION side 96

46 VÆRNHYTTERNE side 98

47 LILLE MJØL BADEBRO side 100

48 ESEHUSENE side 102

FORORD

FORORD

Bogen "48 fortællinger, dejlige steder og gratis glæder" er en skøn lille bog, hvor vi går på opdagelse Ringkøbing Fjord rundt.

Du kan benytte den som en turistguide, så du let kan finde en gratis seværdighed i nærheden af Ringkøbing Fjord.

Bogen er bygget let og overskueligt op. Du kan derfor både vælge at følge forfatterens rute igennem området eller bruge den som opslagsværk til din egen tur.

Seværdighederne er som nævnt gratis og omhyggeligt udvalgt, så der er lidt for enhver smag.

Vi besøger mange forskellige steder, alt fra skøn natur til gamle bygninger og historiske mindesmærker. Mange af stederne er ikke beskrevet i de almindelige turistguider, men glemte steder, små perler, som forfatteren har valgt at lade genopdage.

I bogen genfortælles gamle fortællinger, som ellers er gået i glemmebogen. 48 gode fortællinger, nogle historiske, nogle tragiske, nogle spændende og andre sjove. Alle har tilknytning til de steder, du kan besøge, de er korte og gør, at stederne bliver spændende for hele familien.

Det er lykkedes forfatteren at lokke mig med på steder, som jeg aldrig havde troet, jeg skulle se. Jeg håber også, at du som læser vil blive fanget af fortællingerne, naturen, bygningerne og mindesmærkerne, som helt gratis ligger og venter på at blive fundet rundt om Ringkøbing Fjord.

God læsning og god tur!

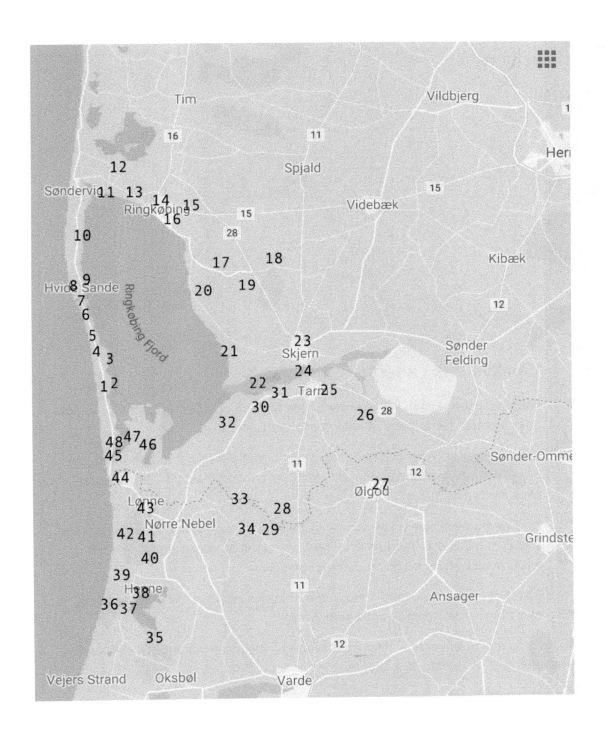

01 HAURVIG BÅKE

Vestkystens vartegn

Langs den jyske vestkyst blev der i 1884 til 1885 opstillet 25 båker for at gøre det nemmere for skibene at navigere langs vestkysten.

Dengang var søvejen den nemmeste og hurtigste måde at transportere varer på. Skibstrafikken langs den jyske vestkyst begyndte sidst i 1800-tallet at blive større.

Det var stadig et farligt farvand for skibene at sejle i. Navigationsudstyret var stadig primitivt eller fandtes ikke, og hundredvis af skibe kæntrede, fordi de fejlvurderede, hvor på havet de befandt sig.

Så for at hjælpe søfolkene med bedre at kunne navigere ude i Vesterhavet, blev der rejst sømærker, også kaldet båker.

De første 10 båker blev rejst fra Blåvand til Thyborøn i efteråret 1884. Året efter blev de sidste 15 båker rejst fra Agger til Skagen.

Navnet båke kommer fra det gamle ord "bavn", som betyder brændestabel, der blev tændt på en høj klit ved hårdt stormvejr for at advare de søfarende om ikke at komme for tæt på kysten.

Bålet kunne selvfølgelig ikke fortælle noget om, hvor man befandt sig.

En bavn blev også brugt i middelalderen, når blandt andet kongen ville sende et signal hurtigt rundt i landet. Der blev tændt bål på særligt udvalgte bavnehøje rundt omkring i landet.

Ved Haurvig rejstes den omkring 12 meter høje båke på Bavnebjerg omkring 900 meter fra havet.

I dag er der 12 båker tilbage af de oprindelige 25 båker langs vestkysten. Båken i Blokhus er dog en genopbygning fra 2006. Den oprindelige båke var blevet revet ned i 1944.

Båken ved Haurvig blev fredet i 1998.

SØNDER KLITVEJ 140, 6960 HVIDE SANDE

02 VINTERLEJE HAVN

Skibsredernes vinterleje i fjorden

Den lille fjordhavn ved Vinterleje ligger smukt ud til Ringkøbing Fjord.

I 1700- og 1800-tallet var mange af Ringkøbings købmænd også skibsredere, og deres handelsskibe sejlede varer til og fra Norge og Holland.

De sejlede ud med korn og kvæg fra Vestjylland og havde blandt andet kul og jern med tilbage.

Om vinteren blev handelsskibene lagt op ved Vinterleje Banke, ved Sønder Haurvig, som dengang var det sydligste sted at lægge til i fjorden.

Selve Vinterleje Havn blev anlagt i begyndelsen af 1900-tallet ved hjælp af et sandpumpeskib. Haurvigrenden blev anlagt i samme periode ved at sandpumpeskibet pumpede mange tons sand væk.

Derefter var det muligt at sejle fra Hvide Sande helt til Nymindegab.

I dag bruges Vinterleje Havn mest af fritidsfiskere, der fanger lidt fisk i Ringkøbing Fjord. Det er blandt andet muligt at fange især saltvandsfisk nær ved Hvide Sande.

Længere nede mod Nymindegab er det muligt at fange ferskvandsfisk. Det er også muligt at fange ferskvandsfisk ved Bagges Dæmning, ved Ringkøbings Havn og ved Skjern Ås udløb. Der er især gode muligheder for en god fangst ved Nymindegab.

Forskellen skyldes variationen af saltindholdet i fjordens vand. Ved slusen i Hvide Sande reguleres vandstanden, og saltvand bliver lukket ind i fjorden, og giver vandet her i dette område et højere saltindhold. Ringkøbing Fjord betegnes derfor som en lavvandet brakvandsfjord, da der både er saltvand fra Vesterhavet og ferskvand i fjorden.

Lige bag Vinterleje Havn er der en udsigtsbakke med en rigtig god udsigt ud over fjorden.

VINTERLEJEVEJ, 6960 HVIDE SANDE

03 HAURVIG KIRKE

En del af en verdenshistorisk begivenhed

Den 19. juli 1918 blev der skrevet verdenshistorie. For første gang nogensinde blev der gennemført et hangarskibsbaseret luftangreb.

Omkring 30 kilometer vest for Lyngvig Fyr lå det britiske hangarskib HMS Furious. Tidligt om morgen lettede syv Sopwith Camel fly fra hangarskibet og fløj mod sydøst.

Målet var den tyske luftskibsbase i Tønder. Angrebet var en succes, men der skete ikke større skader på luftbasen. Alle syv engelske piloter overlevede på nær én.

Den unge pilot løjtnant Yeulett nødlandede i Vesterhavet på vej tilbage, men omkom desværre.

Hans lig blev fundet sidst i juli ved Årgab. Den 4. august 1918 blev han begravet på Haurvig Kirkegård, hvor han ligger den dag i dag.

Haurvig Kirke er ikke en gammel kirke. I 1869 blev der her opført et kapel i brune sten og med skifertag. Materialerne til byggeriet blev sejlet ind via den lille fjordhavn bag kirken.

Den første kirkeklokke sad over den østlige gavl. Senere hen endte denne lille kirkeklokke sine dage som auktionsklokke på Hvide Sande Fiskeauktion.

I 1947 blev kirken sat i stand, der blev tilføjet et kirketårn med klokke, og der blev lagt tegltag på kirken. Derudover blev kirken malet hvid.

Prædikestolen inde i kirken minder om styrehuset på de gamle fiskekuttere. I kirken er der ophængt to kirkeskibe.

Udover løjtnant Yeulett fra Første verdenskrig er der på Haurvig Kirkegård begravet adskillige andre engelske piloter, alle faldne i Anden verdenskrig.

En ensom, smuk og usædvanlig kirke i flotte omgivelser ved fjorden.

SØNDER KLITVEJ 109, 6960 HVIDE SANDE

04 MISSIONSHUSET

Getsemane

Ved Haurvig ud til Klitvejen ligger en af Danmarks ældste missionshuse, som stadig er i brug.

Der er en ganske sørgelig historie bag opførelsen af missionshuset.

I foråret 1896 satte de lokale fiskere deres både ud fra stranden for at sejle ud og fiske. Vejret var godt, så de sejlede langt ud i håb om en god fangst.

Men inden de nåede tilbage til stranden, blev det storm. Den sidste båd blev knust i brændingen, og fire fiskere druknede.

Denne tragedie gav anledning til en religiøs vækkelse på Klitten. Mange lokale blev troende, og inden længe var der ikke længere plads rundt omkring i hjemmene til de religiøse møder og sammenkomster.

Der var brug for et sted, hvor man kunne samles mange flere.

Haurvig Missionshus, med navnet Getsemane, blev derfor opført og indviet den 23. oktober 1899.

Missionshuset blev, ved siden af Haurvig Kirke, centrum for det åndelige liv på den sydlige del af Holmsland Klit med møder, missionsuger, ungdomsmøder og søndagsskoler.

For nogle år siden blev der igangsat en gennemgribende renovering af det efterhånden forfaldne missionshus, så den igen fremstår flot. Frivillige leverede arbejdskraften, og pengene kom fra blandt andet indsamlinger og fra forskellige fonde.

Den enkle og spartanske indretning i missionshuset med talerstolen i midten viser, at i missionshuset er det ordet og sang, der er i centrum.

Getsemane ved Oliebjerget i Jerusalem var der, hvor Jesus ifølge Det Nye Testamente opholdt sig og bad aftenen før sin korsfæstelse.

,SØNDER KLITVEJ 99, 6960 HVIDE SANDE

05 HAURVIG REDNINGSSTATION

Raketterne reddede liv

Redningsstationen ved Haurvig er et minde om tapre redningsfolk, der hjalp søfolk i nød på havet.

I 1860 startede historien om redningsstationen. I starten var det bare nogle redningsraketter, der blev opbevaret på den nærliggende strandfogedgård, Abelines Gaard.

Men i 1882 blev den lille bygning opført. Her blev redningsraketterne fremover opbevaret. Det store bådhus kom til i 1887. I bådhuset opbevaredes en redningsbåd fra Orlogsværftet i København.

Begge bygninger er meget karakteristiske med deres arkitektur og grønne porte med Dannebrog påmalet.

I 1933 blev redningsstationen taget ud af drift, for den nyanlagte havn i Hvide Sande overtog redningsarbejdet med deres nye motorredningsbåd.

Haurvig redningsstation reddede 64 søfolk i havsnød fordelt på 15 redningsaktioner i årenes løb. Alle blev reddede ved hjælp af det avancerede raketudstyr.

Når skibe var i havsnød tæt på kysten, måske nogle få hundrede meter fra stranden, stillede redningsfolkene raketudstyret op. Raketterne var omkring 2,5 meter lang og skulle helst affyres i vinkel af 30-40 grader.

Hensigten var at affyre raketter med snor ud til de nødstedte skibe. Hvis en snor blev fanget af søfolkene, kunne der trækkes et reb og redningsstol ud til skibet.

Så kunne søfolkene blive bjerget én efter én ind i sikkerhed på stranden, selvom det var en meget farlig tur i bølgerne.

Det har været en stor udfordring for redningsfolkene at stå på stranden og forsøge at få de eksplosive raketter med snor ud til de nødstedte skibe. Ofte var der mørkt, stormende og koldt.

SØNDER KLITVEJ 72, 6960 HVIDE SANDE

07 AARGAB BÅKE

Forskellige geometriske former i toppen

Efter båken ved Haurvig er den næste i rækken, båken ved Aargab, lidt før Hvide Sande.

Ved Aargab rejstes den omkring 12 meter høje båke ved Karen Brands Bjerge, omkring 500 meter fra havet.

Fælles for alle båkerne, der stod langs den jyske vestkyst, var at de alle var trebenede og stod højt oppe i landskabet. Oprindeligt var deres ben af træ, men omkring 10 år efter, de blev rejst, blev benene udskiftet med ben af stål. Benene af træ havde en tilbøjelighed til at begynde at svaje i kraftig blæst.

Den røde top var forskellig fra båke til båke. Hver båkes top havde en forskellig geometrisk form.

Eksempelvis er båken ved Haurvig pyramideformet, hvor båken her ved Aargab har en helt anden geometrisk form.

Systemet med båkerne var meget enkelt. På søfolkenes søkort var båkernes placering indtegnet med en tegning af toppens geometriske form.

Når søfolkene så kunne se en båke med en pyramideformet top, kunne de på deres søkort se, at de så var i farvandet ud for Haurvig. Det kunne selvfølgelig ikke lade sig gøre, når det var mørkt.

Båkerne var med til, sammen med andre tiltag, at gøre det nemmere og mere sikkert for skibene at sejle i farvandet langs den jyske vestkyst.

Det skete dog, at enkelte skibe alligevel tog fejl af båkerne og kæntrede, men det hørte til undtagelserne.

Båkerne har ingen betydning mere for skibstrafikken, men dem, der var tilbage, har fået lov til at blive stående, og 11 af de 12 tilbageværende båker er nu fredede.

Båken ved Aargab blev fredet i foråret 1997.

SØNDERGADE 114, 6960 HVIDE SANDE

08 VESTLED

Den røde plads

Hvide Sande har en rigtig fin badestrand mellem de to lange moler syd for indsejlingen til byen.

Det første, der slår en, når man ankommer til parkeringspladsen, er den store røde plads, der smyger sig fra parkeringspladsen og gennem klitterne ned mod stranden.

At det er et kunstværk, tænker de færreste nok på, når turen går ned til den fine badestrand.

Det store kunstværk, som hedder Vestled, er udført i 2006 af billedkunstneren Marianne Hesselbjerg, arkitekt Carsten Juel-Christiansen og landskabsarkitekterne Schønherr.

Arealet af kunstværket er omkring 1.350 kvadratkilometer. I 2013 blev kunstværket udvidet lidt.

De røde sten er indrammet af en betonkant, og de er brændt næsten på samme måde, som man brændte sten til klitgårdene i gamle dage.

Læg mærke til, hvordan stenene smyger sig hen over klitterne på vej ned til stranden.

På den anden side af klitterne ligger der en anden del af kunstværket.

Det er en 28 meter lang bronzeskulptur, der vender ud mod havet. Den ligger nærmest som en lang, tyk streg ved klitternes sand.

Bronzeskulpturen som et tungt drivtømmer, et lille stykke af horisonten, som er skyllet op på stranden.

Kunstværket Vestled er funktionelt, for man kan sidde på bronzeskulpturen, og pladsen med de mange sten gør det muligt for kørestolsbrugere og barnevogne at komme ned på stranden.

TUNGEVEJ 7, 6960 HVIDE SANDE

09 BUNKERE PÅ TROLDBJERG

Tyskerne holdt øje med Holmsland

På toppen af Troldbjerg i Hvide Sande findes der tydelige spor efter tyskernes besættelse af Danmark fra 1940 til 1945.

Tyskerne opførte her en observationsbunker på toppen og en bunker til mandskabet.

Observationsbunkeren skulle fungere som en tysk observationspost ved et allieret invasionsforsøg ved Hvide Sande eller på Holmsland Klit.

Den har to meter tykke, jernarmerede betonvægge, en dør af panserstål og skydeskår. Panserkuplen på toppen benyttedes til observation. Læg mærke til udkigsspalterne i kuplen.

Observationsbunkeren skulle også hjælpe kystbatteriet i Stauning, øst for Ringkøbing Fjord, med at lede kanonilden det rigtige sted hen og holde øje med, om de ramte målet.

Mandskabsbunkeren har 1,5 meter tykke, jernarmerede betonvægge og en dør af panserstål. Den var beregnet til at huse seks tyske soldater.

I starten af 1945 var der udstationeret omkring 240 tyske soldater ved Hvide Sande, de fleste af dem kom fra Wehrmacht.

Syd for indsejlingen til Hvide Sande var der også opført en mandskabsbunker, og ud mod stranden var der opført nogle mindre kanonstillinger.

Der er også en signalmast på toppen af Troldbjerg, og den var i brug fra 1937 frem til 1989.

Signalmasten blev brugt til at vise fiskerne vandstandsforholdene i indsejlingen til Hvide Sande, det gav dem bedre mulighed for at styre rigtigt ind.

Fra toppen af Troldbjerg er der en rigtig god udsigt over store dele af Hvide Sande.

TROLDBJERGVEJ 2, 6960 HVIDE SANDE

10 TYSKERHAVNEN

Den nye havn i Tyskland

Tyskerhavnen i Hvide Sande har intet med verdenskrigene at gøre, selvom det er oplagt at tro ud fra navnet.

Før Tyskerhavnen blev anlagt i 1912, blev området kaldt for Tyskland af ukendte årsager. Navnet kan spores tilbage til 1800-tallet.

Grunden til, at havnen blev opført, var, at der skulle være indsejlingsmuligheder og landingspladser til byggematerialer.

Der skulle bruges rigtig mange byggematerialer, for et stort projekt var sat i gang her. Først blev der udgravet en kanal fra Vesterhavet til Ringkøbing Fjord, senere opførtes et sluseanlæg.

Først i starten af 1930'erne begyndte Hvide Sande at opstå omkring slusen og kanalen. Samtidig begyndte vestjyske fiskere at benytte sig af Tyskerhavnen.

Fiskernes gamle redskabshuse står stadig ved havnen og ligger pænt i fire rækker. Farverne på redskabshusene er for det meste rød, blå eller grøn.

Der er stadig ganske lidt fiskeri fra Tyskerhavnen, men størstedelen af redskabshusene bliver nu anvendt som kunstgallerier eller små feriehytter.

Er overnattende turister mere til det luksuriøse, er der mulighed for at overnatte i de fine husbåde, der ligger i havnen.

Der er indrettet en kunstnerbolig i en af de gamle redskabshuse, der hedder ART 56. Her kan en kunstner overnatte i 14 dage og få ro til at fordybe sig i det kunstneriske arbejde.

Besøgende er selvfølgelig velkomne til at følge skabelsen af kunstnerens værk.

Gå en tur i rækkerne mellem husene, og læg mærke til at de små detaljer, der stadig er se på fiskernes gamle redskabshuse.

ÆGAMMEL HAVN 9, 6960 HVIDE SANDE

06 LYNGVIG HAVN

Den lille havn i fjorden

Lyngvig Havns historie hænger sammen med Lyngvig Fyr.

Efter at 24 norske søfolk mistede livet i et forlis i 1903 ud for kysten, blev det besluttet at opføre et fyr ved Lyngvig for at give skibene bedre mulighed for at navigere.

For at få byggematerialerne frem til fyret var det nødvendigt at opføre en havn ved Lyngvig ud mod fjorden.

Byggematerialerne blev sejlet på pramme til kajanlægget og derefter transporteret med hestevogn de omkring 2,5 kilometer ud til fyret.

Havnen blev anlagt omkring 1905, og Lyngvig Fyr stod færdigt i 1906.

Derefter overtog fjordfiskerne efterhånden havnen, for her lå de i læ for Vesterhavet og Ringkøbing Fjord.

Lyngvig Havn har plads til omkring 50 små fiskerbåde, joller, pramme eller lystbåde.

Der er ikke mange fuldtidsfiskere tilbage, for tiderne er ikke til, at man kan leve af lidt småfiskeri, men enkelte ældre fiskere holder stadig ved.

Andre har fiskeriet som bierhverv og tjener lidt på det.

Der er stadig en tørreplads med stolper, hvor fiskerne tørrer deres garn og reparerer dem. Fiskernes gamle redskabshuse står her endnu og bruges stadig mest til at opbevare fiskeudstyr i.

Blandingen af fiskerbåde, lystbåde og besøgende er med til at skabe et mangfoldigt og autentisk liv på den smukke fjordhavn.

Ser du en fiskerbåd komme ind med fisk i kasserne, er der ofte mulighed for at købe et par friske fisk til en ganske fornuftig pris.

LYNGVIG HAVNEVEJ 23, 6960 HVIDE SANDE

11 BAGGES DÆMNING

Et fejlslagent projekt

I 1844 indsendte Søren Hansen Bagge en ansøgning om tilladelse til at opføre to dæmninger over Ringkøbing Fjord. Tilladelsen blev givet efter mange års tovtrækkeri.

Det endte med, at hans søn, løjtnant Halvor Christian Bagge, overtog projektet og var involveret i opførelsen af begge dæmninger.

Målet var at afvande området nord for dæmningerne og dermed skaffe mere landbrugsjord. Derudover skulle de gøre det lettere at komme fra Holmsland til Holmsland Klit og omvendt.

Den nordligste dæmning blev færdig i 1864. Det var en vejdæmning, der gik fra Søndervig til Holmsland. Området nord for dæmningen blev tørlagt.

Vejdæmningen findes endnu, for landevejen fra Ringkøbing til Søndervig går hen over den.

Den sydlige dæmning, som gik fra det nordlige Klegod til Holmsland, blev færdig i 1865. I alt var den omkring 1,6 kilometer lang.

Kort tid efter ødelagde en stormflod dæmningen. Vandet brød gennem dæmningen to steder, og projektet blev siden opgivet.

De to huller i dæmningen blev ikke siden lukket til, selvom løjtnant Bagge forsøgte at få hullerne lukket til efter stormfloden. Det stod hurtigt klart, at dæmningen fra starten havde været for lille til at modstå vandet.

I 1900-tallet blev der gjort forsøg på at genoplive projektet, men det blev aldrig til noget, og resterne af dæmningen fik lov til at ligge.

Nu kan hullerne i dæmningen siges at være blevet lukket, for der er opført små broer hen over dem til stor glæde for fodgængere og cyklister.

Så er der nemlig mulighed for en dejlig gåtur eller cykeltur ude i fjorden.

BAGGERSVEJ 4, 6950 RINGKØBING

12 SKARNSKVINDENS GRAV

Anne Marie Seier

I efteråret 1953 gik nogle bønder på Holmsland i gang med at pløje markerne ved Søgaard Hovedgårds marker. Ved et markskel var der problemer med at pløje et bestemt sted.

Det viste sig at være menneskeknogler, der forstyrrede pløjningen, og politiet og folk fra museet blev tilkaldt for at undersøge sagen.

Efter en grundig undersøgelse blev det konstateret, at menneskeknoglerne var meget gamle. Nogle af bønderne mente at kunne huske, at lige præcis dette sted var et sted, som man skulle undgå, for der skete underlige ting her når det var mørkt.

Folkene fra museet konkluderede, at menneskeknoglerne stammede fra en kvinde og tre børn. Det måtte være fra en helt bestemt begravelse i 1733.

Kvinden måtte så være Anne Marie Seier.

I 1722 kom hun til Holmsland fra Ølgod, hvor hun lige havde født et uægte barn, en dreng. Anne Marie blev ansat som amme på Søgaard Hovedgård, hun var i andre henseender nyttig på hovedgården, og blev efterfølgende på gården i ti år.

Anne Marie var ikke populær blandt de andre tjenestefolk på hovedgården, for hun var meget temperamentsfuld. Det endte med, at fruen på Søgaard Hovedgård blev presset til at afskedige hende, og Anne Marie tog til Viborg.

Efter nogle uger kom hun tilbage til Søgaard Hovedgård, og bad om at måtte være der vinteren over, for hun var syg. Hun fik lov til at blive, men efter nogle dages sygdom blev hun fundet død på sit værelse. I hendes rejsekiste fandt tjenestefolkene liget af en nyfødt dreng, som havde fået brækket halsen. Under dette lig fandt de yderligere to ældre lig af nyfødte børn. Hun og børnene blev i første omgang begravet på Nysogn Kirkegård, men ikke længe efter flyttede rakkeren knoglerne hen på marken, for på kirkegården måtte de ikke ligge alligevel.

I 1954 blev knoglerne igen begravet på Nysogn Kirkegård, og gravstenen står endnu: "Skarnskvinden Anne Marie Seier + 1733".

KLOSTERVEJ 7, 6950 RINGKØBING

13 GAMMELSOGN SKOLE

Skolen ved kirken

Meget ensomt, på en strandvold ud til Ringkøbing Fjord, står Gammelsogn Kirke flot i det vestjyske landskab.

Klitboerne på den sydlige del af Holmsland Klit hørte til Gammelsogn Kirke og kunne sejle hertil, indtil de i 1869 fik deres egen kirke.

Nord for Gammelsogn Kirkegård ligger den gamle skolebygning. Skolestuen i østlige del findes endnu, næsten som den så ud, da skolen lukkede tilbage i 1965.

I 1820 besluttedes, at der skulle opføres en skole her ved kirken, og i 1822 åbnede skolebygningen med to skolestuer og en beboelse, der også omfattede en udbygning med stald og lade.

Før skolen her blev åbnet, skulle børnene den lange vej til skolen i Nysogn, det betød, at mange børn fik en meget mangelfuld skolegang.

Der blev der ansat en omgangslærer, der skulle tage rundt og undervise børnene, men det kom aldrig til at fungere ordentligt. Der var ingen anden mulighed end at få skolen her ved kirken opført, hvis man skulle sikre børnene undervisning.

Skolen var i brug indtil 1965, da de små skoler blev samlet i en større skole i Kloster. En af skolestuerne er bevaret med det udseende, den havde, da skolen blev lukket. Skolen ejes i dag af Gammel Sogn Kirke, som benytter den til bolig for graveren og udstilling af skolestuen.

Der er adgang for besøgende til den gamle skolestue efter aftale, men ellers kan skolestuen ses gennem vinduerne.

Ældre besøgende ville nok kunne genkende noget fra deres egen skolegang i tidernes morgen.

Gammelsogn Kirke er også et besøg værd. Kirketårnet var i gamle dage omkring 12 meter højere, end det er nu, og fungerede også som sømærke.

GAMMEL SOGN KIRKVEJ 5, 6950 RINGKØBING

14 LATINERKVARTERET

Et spændende kvarter

Når turen går fra Ringkøbings torv ned mod havnen, er der stor sandsynlighed for gå gennem Latinerkvarteret.

Ringkøbings Latinerkvarter er området omkring Torvet, Grønnegade, Vester Strandgade og havnen.

Her findes en masse spændende, små butikker, der sælger unikke varer og kunsthåndværk. Det er muligt at købe noget rigtigt flot med hjem, og noget som ingen andre har helt magen til.

Omgivelserne er perfekte med smalle, brostensbelagte gader og mange cafeer.

I højsæsonen, i juli og august, rykker butikkerne og gæstehandlende ud i gaderne med deres små boder og skaber en rigtig god stemning i Latinerkvarteret.

Projektet med at skabe en levende og sprudlende bydel, Latinerkvarteret, i Ringkøbing nyder stor opbakning fra butikker, foreninger og kunstnere.

Det kan anbefales at gå en tur ned på Ringkøbing Havn og besøge Indianerlejren.

Fiskerne har, siden havnen blev bygget, lagt deres både til den østligste bro, og ved siden af har de haft deres skure til deres fiskeredskaber.

Fiskerklyngen og Fiskerstræde er altså lige så gamle som havnen, og tilsammen udgør de Indianerlandsbyen. Navnet har denne del af havnen fået, fordi fiskerne satte deres bundgarnspæle op, så de lignede indianernes tipier.

Det er ikke hvem som helst, der kan købe en af hytterne i Indianerlandsbyen. Interesserede skal på en eller anden måde have tilknytning til havn eller fiskeri for at komme i betragtning.

På Havnepladsen kan den populære skulptur skabt af Jens Galschiøt ses. Den kaldes blandt de lokale for Den Fede Dame.

VESTER STRANDGADE, 6950 RINGKØBING

En bibelsk skammel

I 1993 fik Ringkøbing sin første rundkørsel, og det blev besluttet, at den skulle udsmykkes af en kunstner.

Valget faldt på den lokale kunstner Henrik Have fra No ved Ringkøbing.

Det blev en kæmpeterning i beton på 7 x 7 x7 meter. Ezekiel´s Skammel, som stammer fra Det gamle Testamente, blev kunstværkets titel.

I daglig tale kom den til at hedde "Kuben" eller den bibelske skammel.

Mange år efter var den i en sørgelig tilstand. Kunstneren havde ønsket at den ikke skulle vedligeholdes, men skulle have lov til at stå og nedbryde sig selv over dens lange levetid. Det mente kunstneren, at det ville passe sammen med den gammeltestamentlige ide med kunstværket.

Ligesom med Grædemuren i Jerusalem.

15 KUBEN

Efter mange års overvejelser valgte kommunen at få den renoveret alligevel, for den står ved en af byens indfaldsveje og er det første, udefrakommende ser af Ringkøbing.

Derfor skulle den helst se pæn ud, og den ser efter renoveringen meget pænere ud og byder gæster til Ringkøbing velkommen. Renoveringen skete dog først omkring syv år efter, at kunstneren, Henrik Have, var gået bort i en alder af 68 år.

Henrik Have døde i 2014, og var en anerkendt kunstner med værker på mange af Danmarks store kunstmuseer. Han var også en af de få kunstnere, der fik en livsvarig ydelse fra Statens Kunstfond.

Han udsmykkede også andre steder i Ringkøbing med sin kunst.

Det kan anbefales at tage en tur ind til Østergade 41 i Ringkøbing og se nogle af hans kunstværker. Dér ved den tidligere amtsbygning står blandt andet de gyldne søjler og andre spændende kunstværker, som han har skabt.

SJÆLLANDSGADE 3, 6950 RINGKØBING

16 FJORDSTIEN

De Sorte Bakker

Det er muligt at cykle rundt om Ringkøbing Fjord, men det er også muligt at vandre på nogle ruter, som går langs fjorden.

En vandrerute, der hedder Fjordstien, går fra den østlige del af Ringkøbing, ved det nye rådhus og ud langs fjorden.

Undervejs går turen forbi et fredet landskab, som hedder De Sorte Bakker. De kratbevoksede skrænter, som kun når en højde af ni meter over havet, er det højeste punkt langs fjordkysten.

Bakkerne var oprindeligt lyngklædte, og derved fremtrådte de som sorte sømærker, der blev brugt til at navigere efter i fjorden, deraf kommer navnet De Sorte Bakker.

Turen ender ved Bydiget fra sidst i 1700-tallet, som markerede, hvor Ringkøbings Bys marker sluttede.

Turen på Fjordstien er omkring tre kilometer lang, og seks kilometer, hvis turen går samme vej tilbage til Ringkøbing.

Undervejs er der rig mulighed for at nyde en god udsigt udover Ringkøbing Fjord og i klart vejr se klitterne ved kysten.

Ringkøbing Fjord er omkring 30 kilometer lang, og det er derfor ikke muligt at se til den anden ende af fjorden.

Fjorden dækker et areal på omkring 300 kvadratkilometer, hvilket svarer til størrelsen af omkring 42.000 fodboldbaner.

Der er ikke særligt dybt i fjorden, de fleste steder skal man omkring en kilometer ud i vandet, før det bliver over en meter dybt. Det dybeste sted i fjorden er ud for Stauning ved Stauning Dyb, her er der omkring fem meter dybt.

Bredden på fjorden er omkring 11-12 kilometer, og her kan den anden side godt ses, medmindre vejret er dårligt.

TOFTEN 2, 6950 RINGKØBING

17 RØDE KRO

Den gamle studedriverkro

På Vennervej mellem Lem og Velling findes en lille smuk gård, som hedder Røde Kro. Det røde i navnet, skyldes at den var en af de første bygninger i området, der var opført af røde, brændte mursten.

Det var engang en kro, men den var ikke en kongelig priviligeret kro, som så mange andre ældre kroer, Den havde åbent i bestemte perioder af året.

Gården var hovedsageligt en landbrugsejendom, kroen blev drevet som en slags bierhverv på gården og havde kun åbent i forbindelse med en bestemt begivenhed.

I slutningen af 1700-tallet og omkring 100 år frem var en af de vigtigste indtægtskilder for danske bønder opdræt af stude.

Når studene var klar til at blive solgt, blev de drevet ad de mange drivveje ned til markederne i Nordtyskland og solgt.

Turen fra gårdene ned til Nordtyskland tog lang tid, og studedriverne havde brug for steder, hvor de kunne få noget at spise og overnatte.

Langs drivvejene skød der mange kroer op på gårdene, som kunne bespise og huse studedriverne. Det var som oftest kun små kroer med plads til to-tre overnattende studedrivere. Til studene indrettedes særlige studefolde, der ofte var omgivet af jorddiger. Nogle steder i det vestjyske landskab kan de stadig ses i terrænet. I nærheden af Røde Kro har der tidligere været tre studefolde.

Røde Kros stuehus, der oprindeligt har været fritliggende, er ejendommens ældste bygning, og menes at være fra omkring 1802. Det er opført af håndstrøgne, lokalt fremstillede mursten. I flere af dem ses aftryk af fingre fra dengang, de lå til tørre og skulle vendes.

I dag ejes gården af en forening, hvis formål er at gøre Røde Kro til en kulturhistorisk seværdighed, hvor besøgende kan få et indblik i vestjysk bondeliv gennem de sidste par hundrede år.

VENNERVEJ 6, 6940 LEM

18 HELLIG KORS KLOSTER

Et kloster fra nutiden

Ved første øjekast kan man godt forledes til at tro, at Hellig Kors Kloster er en halvgammel bygning. Det er den ikke.

Klosterets historie starter i 1947, da et præstepar kom til egnen fra Nordjylland. De havde et ønske om at oprette et kloster eller et refugium på egnen. Opførelsen af klosteret begyndte i midten af 1950'erne og varede frem til, at det stod færdigt i 1975. Klosteret er opført af nedbrydningsmaterialer, som Skjern Kommune donerede, og frivillige præstestuderende fra især Frankrig og Italien stod for opførelsen.

"Hellig Kors Kloster er et menneskeligt og åndeligt tilflugtssted, hvor mennesker, som trænger til hvile og rekreation, og som længes efter fornyelse af troens liv, kan bo i kortere eller længere tid, og hvor der samtidig kan afholdes retræter, gudstjenester, møder med mere". Stedet skal ånde af ro og fred og der skal være en rolig rytme med bøn og arbejde."

Der blev desværre i 2016 konstateret skimmelsvamp i bygningerne, men heldigvis ikke i selve klosterkirken. Derfor kan tilrejsende ikke overnatte og bruge bygningerne.

Bygningerne skal rives ned på et tidspunkt, for det kan ikke betale sig at renovere bygningerne, det vil være billigere at opføre noget nyt.

Det viste sig, der var sparet for meget på byggematerialerne, og at tagkonstruktionen var dårligt lavet. Der var heller ikke nok varme på om vinteren, så skimmelsvampen havde gode betingelser.

Hellig Kors Kloster afholder stadig arrangementer i klosterkirken og tilbyder blandt andet vandreture og stilleprogram for dem som ønsker det.

Der arbejdes på at få skaffet midler til at opføre nogle nye klosterbygninger, men som det siges fra klosteret "Stedet har altid været rigt på drømme og visioner, aldrig på penge."

LEMVEJ 19, 6940 LEM

19 DEJBJERG KIRKE

Rakkernes Kirke

Dejbjerg Kirke er en ganske almindelig kirke fra omkring 1150. Det specielle ved kirken findes inden for i tårnrummet.

Her står nogle ganske underlige kirkebænke bag et gitter. Rakkerbænkene var til rakkerne, som kunne overvære gudstjenester bag gitteret.

De måtte under ingen omstændigheder blande sig med ærlige mennesker, og de skulle være på plads, inden de ærlige folk kom, og blive siddende, indtil de ærlige folk var ude af kirken.

Rakkerne var et udstødt folkefærd i 1700 og 1800-tallet. De havde uærligt arbejde såsom at flå selvdøde dyr, fjerne affald og hjælpe bødlen med at udføre hans arbejde. Derfor var de uærlige og udstødte.

Vestjyllands hede var tiltrækkende for dem, for her kunne de være nogenlunde i fred og udføre deres arbejde, som ingen andre ville have.

Når en rakker døde og skulle begraves, foregik det uden for kirken, for som uærlige og udstødte kunne de ikke begraves fra kirken.

Den afdøde rakker måtte end ikke bæres gennem porten til kirkegården, liget skulle løftes over muren omkring kirkegården.

Når så liget var kommet ind på kirkegården, blev der foretaget en begravelse uden en præsts velsignelse. Der blev ikke opsat en gravsten, og begravelsen skulle foregå på et bestemt område af kirkegården.

Stedet på kirkegården er markeret med en enkelt mindesten, hvorpå der står "rakkergrave".

Omkring 1830 begyndte bønderne selv at udføre det beskidte arbejde, som rakkerne ellers udførte. Det betød, at rakkerne var henvist til at tigge eller stjæle for at få til dagen og vejen. Nogle forsvandt ind i storbyerne, andre gled sidst i 1800-tallet ind i de små samfund rundt omkring i Vestjylland.

BUNDSBÆKVEJ 2A, 6900 SKJERN

20 KYSTBATTERI STAUNING

Atlantvolden ved Ringkøbing Fjord

Lidt nord for Stauning, ved Halby, anlagde tyskerne i 1943 et kanonbatteri på et rigtigt godt sted. Det er lidt usædvanligt, at et kanonbatteri står så langt væk fra Vestkysten.

På Vestkystens strande og i klitterne kan man se bunkere fra tyskernes Atlantvold. Nogle af dem står fint endnu, andre er skredet ud i vandet, og nogle er begravede i klitterne.

Tyskernes Atlantvold skulle beskytte mod invasion fra de allierede, og den strakte sig fra Nordkap i Nordnorge til sydligste del af Frankrig ved den spanske grænse. Meningen var, at bunkere, miner, pigtråd og mange våben skulle afskrække de allierede fra at invadere fra vest.

I Danmark bestod Atlantvolden af omkring 8.000 betonkonstruktioner, heraf omkring 2.000 bunkere. Derudover radaranlæg og lytteposter. Kanonbatteriet ved Stauning var også en del af Atlantvolden.

Kanonbatteriet er placeret rigtigt godt, for her kunne kanonerne dække indsejlingen til havnen i Hvide Sande. Ikke nok med det, de kunne også dække kysten fra Nymindegab til Søndervig.

Kanonbatteriet bestod af fire kanonstillinger. Tre af stillingerne var åbne, hvilket betød, at kanonerne ikke var beskyttede af en bunkers betonmure, men stod på betonfundamenter.

Den fjerde kanon stod beskyttet i en bunker. Det har nok været meningen, at de tre andre kanoner også skulle stå i en bunker, men det nåede man ikke at opføre, inden krigen sluttede i 1945.

Kanonerne kom fra den franske forsvarslinje, Maginotlinjen, som faldt til tyskerne i 1940. De var nogle store kanoner med en kaliber på 194 millimeter.

Der var også bunkere til mandskabet og til ammunition. Kanonstillingerne blev beskyttet af maskingeværstillinger og morterbunkere.

SYRENVEJ 49, 6900 SKJERN

21 STAUNING HAVN

Den østlige fjordhavn

I Vestjylland var det i gamle dage normalt at have flere erhverv for at klare sig økonomisk.

Her ved Stauning drev de fleste bønder fiskeri i fjorden ved siden af deres landbrug, sådan gjorde man i mange hundrede år. Helt tilbage i oldtiden har der været drevet fjordfiskeri i Ringkøbing Fjord.

Der blev blandt andet fanget flyndere, ål og laks og fra Stauning blev fiskene eksporteret til blandt andet Tyskland og Holland.

Efter at fiskene var blevet iset ned i Stauning, blev de kørt til Skjern og derfra sendt videre sydpå til udlandet med jernbanen.

I 1800-tallet var der her ved Stauning en ladeplads for skibsruten Amsterdam-Stauning-Bergen, der sejlede med blandt flæskesider, der skulle eksporteres.

Oprindeligt var der tre landingspladser her ved Stauning, men i 1938 blev de afløst af Stauning Havn.

Der havde i mange år været planer, og et stort ønske om, at få opført en havn her, men først dette år blev det til noget.

Stauning Havn ligger cirka midt for fjorden på den østlige side og er en af de nyere fiskerihavne ved Ringkøbing Fjord.

I dag er havnen næsten udelukkende fritidshavn for fritidsfiskere, fritidssejlere og jægere. Der ingen erhvervsfiskere tilbage i Stauning.

Men havnens mange bådpladser, de omkringliggende redskabsskure og hytter udgør sammen med restauranten, slæbestedet, kranen og bådhuse et meget attraktivt miljø til glæde for de lokale og turister.

Der er ved havnen overnatningsplads med tre shelters, grillplads, borde og bænke og adgang til toilet og bad.

STRANDVEJEN 3, 6900 SKJERN

22 TRÆKFÆRGEN BLISHØNEN

Gør det selv-færgen

Ved Pumpestation Nord går der en sti ned til Skjern Å. Nede ved åen er der en lille trækfærge.

Trækfærgen Blishønen er en lille firkantet metalkasse, og man skal selv trække sig over åen ved hjælp af reb og muskelkraft. Der kan være op til 12 personer på færgen.

Det tager gerne et par minutter, alt afhængig af hvor mange kræfter man lægger i at trække, og hvor mange personer der er ombord.

Endestationen er den lille ø Kalvholm, som afskæres af Skjern Å på begge sider. Tidligere gik der vildheste og kreaturer og græssede. Der er mulighed for at gå en tur om på den anden side af øen.

På den anden side af Kalvholm ligger Blishønens søsterfærge, Rørhønen, som sejler til det sydlige fastland.

Trækfærgerne er ikke bare til sjov, for før i tiden blev de anvendt til at fragte kreaturer over på øen. Her kunne de gå og græsse hele sommeren.

Hele området på omkring 25 kvadratmeter er Danmarks eneste floddelta. Her løber Danmarks vandrigeste å, Skjern Å, ud i Ringkøbing Fjord.

På åens sidste 20 kilometer spreder åens vand sig ud over utallige vandløb, søer, enge og vådområder for til sidst at løbe ud i fjorden.

Sådan har det ikke altid været, for i 1960'erne blev Skjern Å omdannet til en lige kanal. Derved kunne et stort område afvandes og bruges til landbrugsjord.

Dyrelivet og naturen kom til at lide voldsomt under denne ændring. Mange år senere igangsatte staten derfor det største genopretningsprojekt nogensinde til omkring 300 millioner kroner. Nu skulle området genskabes til det oprindelige udseende. Efter nogle års arbejde var området nogenlunde genskabt til glæde for dyr og mennesker.

LANGKÆRVEJ 11, 6900 SKJERN

23 REBERBANEN

Reb i lange baner

Det var ikke så enkelt at fremstille reb i gamle dage. Først fik rebslageriet hamp hjem i store baller. Så skulle urenheder og tynde tråde i hampen fjernes ved hjælp af et bræt med pigge.

Disse tynde tråde kunne nu godt bruges til et andet formål, det kunne bruges til tætning af vandrør. I ældre huse kan man se vandrør tætnet med de tynde hamptråde.

De længere og kraftigere tråde var meget velegnet til rebproduktionen. Rebslageren og hans svende viklede trådene om livet og gik baglæns, alt imens han spandt trådene sammen til en tykkere tråd. Når der så var tråde nok, blev trådene snoet ved hjælp af håndsving eller en maskine.

Under klargøringsarbejdet blev de euforiserende stoffer i hampen frigivet i støvet, så efter en arbejdsdag kunne rebslageren og hans svende godt være lidt påvirkede.

Kvalitetskravene til rebene var forskellige, alt afhængigt af hvad rebet skulle bruges til. I 1700-tallet skulle rebet til flåden være helt i orden, for blev der fundet små tråde og andre urenheder i det, kunne straffen være hængning.

Skjerns reberbanebygning er omkring tre meter bred og omkring 94 meter lang. I 1896 kom rebslageren Jens Sahl til Skjern, købte grunden her, og startede under åben himmel sin produktion af reb.

Efter et par år blev den nuværende bygning opført, og omkring 1903 fik rebslageriet lagt elektricitet ind, hvilket gjorde arbejdet med at sno rebene lettere.

Rebslageriet kunne levere reb i en længde af 55 meter. De færdige reb blev ikke solgt efter længde, men efter vægt.

En historie fortæller, at bygningen under besættelsen blev anvendt af danske modstandsfolk. Våben blev affyret og justeret i den lange bygning, en perfekt skydebane til formålet.

REBERBANEN 1A, 6900 SKJERN

24 KONG HANS BRO

En kold tur i åen kostede kongen livet

Det var en kold januardag i Herrens år 1513. Kong Hans og hans følge havde travlt. De var på vej fra Ribe til Aalborg og skulle over Skjern Å.

Tidligere havde her været en bro, men den var gået til, så man skulle benytte vadestedet for at komme over på den anden side af åen.

Det var en kold fornøjelse, selv om man sad oppe på sin hest. Kongen og hans følge red ud i åen, men skæbnen ville, at kongens hest trådte ned i et hul og væltede.

Kong Hans røg af hesten og måtte en tur under det isnende kolde vand. Han blev hurtigt hjulpet op af sit følge og bragt til ildstedet i Skjern Brogård.

Han var stadig hårdt medtaget af kulde dagen efter, men havde travlt og red videre til Aalborg. I løbet af de næste uger fik han det værre og døde den 20. februar 1513 af lungebetændelse.

I dag er der heldigvis en bro her, så vil man krydse åen, kan man gøre det tørskoet.

Den smukke træbro er opført meget tæt på, hvor 1100-tallets bro lå, og hvor kongen red over åen tilbage i 1513. Der er også rejst en mindesten for vores våde Kong Hans. Broen er opført i 2003, og er Danmarks længste hængebro i træ.

Pylonerne, de fire lodrette stolper, er savet ud fra sjællandske flådeege. Egetræerne blev plantet på Sjælland, efter England havde taget hele Danmarks flåde i 1807.

Når træerne 200 år efter havde vokset sig store til mastehøjde, skulle de fældes og anvendes til at bygge krigsskibe. Der bygges ikke længere krigsskibe i træ, så det gode træ bliver brugt til andre formål, som denne træbros pyloner.

Ved broen er også et kunstværk "Prædikestolen" af Bjørn Kromann Andersen, hvor man kan prøve at tale for døve øren.

PETERSMINDEVEJ 3, 6900 SKJERN

25 HATTEMAGERENS HUS

Det jordløse hus

Tarms ældste hus ligger i udkanten af byen. Historisk kan huset spores tilbage til sidst i 1700-tallet.

Det kaldes for Hattemagerhuset efter en hattemager, Johanne Cathrine Jensdatter, der boede i huset fra omkring 1840 til omkring 1870.

Hun var enke og levede af at være hattemager, et job hun overtog efter sin mand. Derudover var hun trådhandlerske og daglejer. I 1877 døde hun på byens fattiggård.

Huset er et godt eksempel på et jordløst hus. Det vil sige, at beboerne levede af en kombination af daglejer- og håndværksarbejde.

Efterhånden som Tarm blev mere industrialiseret i slutningen af 1800-tallet, og der kom flere fabrikker til byen, kom disse jordløse huse til at fungere som boliger for arbejderfamilier.

Omkring år 1900 boede en fyrbøder med sin familie i huset. Hans hustru arbejdede som vaskekone. Tøjet blev vasket i Tarm Bæk, der løb tæt på Hattemagerhuset.

Som andre små arbejderboliger var der en forholdsvis stor have til. Haven var vigtig for arbejderfamilierne. Her kunne de holde lidt husdyr og dyrke grøntsager for at blive så selvforsynende som muligt. Familierne udførte en del af deres bibeskæftigelse i deres boliger. Det kunne for eksempel være kurvefletning og riskostebinding.

Denne livsstil med mange gøremål mindede meget om den måde, man levede på som landarbejderfamilie på den jyske hedes husmandssteder. Mange af arbejderfamilierne kom da også fra landet, så det var ikke meget anderledes at bo i byen for dem.

I dag ejes Hattemagerhuset af Ringkøbing-Skjern Museum. Det er istandsat, som man formoder, det så ud omkring 1870.

FOERSUMVEJ 1, 6880 TARM

26 ÅDUM-STENEN

Thorulv satte en sten efter Toke Tokesøn

De fleste forbinder runesten med de hedenske vikinger, men de fleste er faktisk rejst, efter vikingerne blev kristne omkring år 970.

Mange runesten fortæller, hvem der rejste stenen, og ikke mindst hvem den blev rejst for. De var en slags mindesten.

Runestenen ved Ådum Kirke er ingen undtagelse. Indskriften lyder således: "Thorulv satte sten efter Toke Tokesøn, den ypperste. Gud hjælpe hans." Sandsynligvis kan der tilføjes et "sjæl" efter "hans", så det bliver til "Gud hjælpe hans sjæl".

Denne smukke runesten er fra den sidste del af vikingetiden, det vil sige fra engang først i 1000-tallet.

Omkring 1629 blev to runesten fundet i kirkegårdsdiget. Den er siden forsvundet, den anden står nu her ved kirken.

Nu springer vi omkring 900 år frem i tiden på Ådum Kirkegård, helt frem til året 1943, til en anden slags mindesten.

I foråret 1943 blev et engelsk fly, et Stirling bombefly, skudt ned af en tysk natjager og styrtede ned to kilometer fra byen. Det engelske fly deltog i en stor minelægningsoperation i Østersøen.

Denne sorte nat gik der ti engelske fly tabt over Danmark.

Af flyets syv besætningsmedlemmer omkom de seks af dem ved styrtet. To blev begravet i Esbjerg, og fire blev begravet her på Ådum Kirkegård. Det overlevende besætningsmedlem blev ført til en fangelejr i Tyskland, hvor han senere døde.

De fire omkomne Royal Air Force-besætningsmedlemmers grave hører under Commonwealth War Graves, som vedligeholder grave og krigsminder fra begge verdenskrige. Faldne soldater fra Storbritannien, Canada, Australien, Sydafrika, New Zealand og Indien hører under Commonwealth War Graves.

BINDESBØLVEJ 8A, 6880 TARM

27 HISTORIESTIEN

12 stolpeposter i skoven

På en vandretur gennem byskoven i Ølgod er der mulighed for at blive klogere på skovens historie.

Historiestien er en omkring fem kilometer lang vandretur med 12 stolpeposter, som fortæller om skovens tilblivelse fra hede via plantage til den skov der er i dag.

Ved starten af stien er det muligt at tage en folder om skoven og de 12 steder.

Den fortæller også om de mennesker, som skabte området, om naturen, hede og gravhøje, hedebønder og om skovens aktiviteter.

I 1882 startede skoven som en aktieselskabsplantage, hovedsagelig tilplantet med bjergfyr, som også kunne holde lidt på sandet.

Formålet var blandt andet at skaffe læ for den nye stationsby Ølgod.

Man ville også sikre, at hedebrande ikke skulle omdanne de indlandsklitter, som ligger i skoven, til vandreklitter med sandflugt til følge.

I dag er der næsten ikke bjergfyr tilbage i skoven, men der er til gengæld nu omkring 25 forskellige slags træsorter i skoven.

I 2013 skiftede skoven navn fra Ølgod Plantage til Ølgod Byskov og ejes af Varde Kommune.

Historiestien blev indviet i foråret 2018.

Følg ruten med de blå pileskilte. De runde, blå skilte viser, at du er på ruten. Ved hver stolpepost er der et lille skilt, så der kan læses om stedet. En af stolpestederne ved skovens største træ, som er en sitkagran plantet i 1935, er højden på over 30 meter.

Undervejs på stien er det muligt at holde pause tre steder, hvor der er borde og bænke.

SKOLEGADE 18, 6870 ØLGOD

28 GLIBSTRUP HEDE

Den fredede hede

Tæt ved landsbyen Lyne ligger den fra 1962 fredede Glibstrup Hede.

Ude på selve heden ligger der nogle delvist udgravede gravhøje, som også blev fredet.

Området omkring Lyne, Nørhede og Glibstrup er kendt for sine oldtidshøje, og øst for Glibstrup er der eksempelvis fundet nogle store flækker, håndholdte økser, som er brugt til at hugge knogler og gevirer over med i oldtiden.

På heden er der en ringvold, som man mener, har været brugt til samlingssted for de vestjyske studedriveres dyr i nattetimerne.

Ringvolden er omkring 16 meter i diameter, omkring to meter bred og lidt under en meter høj. Åbningen ligger mod syd.

Den har givetvis været højere i gamle dage.

Driften af stude foregik ind til midten af 1800-tallet gennem Jylland til Nordtyskland.

Ringvolde som denne her kan findes med jævne mellemrum hele vejen ned gennem Vestjylland.

Studedriverne kunne så overnatte på nærtliggende studekroer eller måske overnatte i det fri.

Der er mulighed for parkering i skoven på Glibstrupvej.

Der er en afmærket vandrerute på omkring tre kilometer. Der er bord og bænk midt på turen.

Følg Glibstrupvej over åen mod nord, til venstre ad Gejlgårdsvej, til venstre efter nr. 5 (tredje vej). Gå over åen og gennem skoven til Glibstrupvej. Sidste del af skoven er bøgeskov, som er en af de vestligste i Danmark.

GLIBSTRUPVEJ 24, 6880 TARM

29 KVONG KIRKE

Den skæve indgang

Det første, der springer i øjnene ved ankomsten til den smukke Kvong Kirke, er de stærkt hældende piller i køreporten til kirkegården. Den er opført omkring 1792.

Om de er kommet til at hælde sådan med tiden, eller om murerne havde en dårlig dag, vides ikke.

Rundt om kirkegården står der et kirkedige af marksten, stenene blev slæbt herhen fra de omkringliggende marker.

Et sagn fortæller, at en kæmpe stod ved Lyne Kirke, omkring seks kilometer herfra, og kastede en stor sten efter Kvong Kirke. Heldigvis ramte han ikke kirken, den landede tæt ved præstegården.

Præsten fik denne sten flyttet hen til kirken, og den blev den første sten i kirkediget.

Selve kirken er opført i romansk tid, det vil sige engang i 1100-1200-tallet. Tårnet blev opført i senmiddelalderen omkring år 1500. Våbenhuset blev først tilføjet i midten af 1850'erne.

Kirken blev i starten af 1950'erne udsmykket med kunstværker af den bornholmske kunstner Paul Høm. Udover den nyere udsmykning har kirken en del inventar fra middelalderen, renæssancen og barokken.

Det romanske alterbord indeholder en såkaldt helgengrav. Under en rødgrå dæksten i midten af alterbordspladen findes resterne af en lille relikvieæske i bly på omkring 5 x 3 centimeter. Relikvieæsken er dog tom.

Hvad relikvieæsken har indeholdt vides ikke, men et godt bud kunne være en knoglestump fra en helgen. Efter reformationen i 1536 forsvandt det fleste relikvier fra de danske kirker. Det er muligt, at nogle lokale kirkegængere har bragt stumper af relikviet med sig hjem på gårdene, for de katolske skikke sad dybt i folk længe efter reformationen.

KVONG KIRKEBAKKE 11, 6800 VARDE

30 LØNBORG HEDE

En meget gammel hede

Tæt ved Vostrup, lidt sydvest for Tarm, ligger den store, fredede Lønborg Hede.

Et besøg på Lønborg Hede er en stor og særpræget naturoplevelse.

Heden med den fine lyng kan ses fra klitterne ved parkeringspladsen for enden af Fjerbækvej, eller du kan gå en længere vandretur for at nyde stilheden og fuglenes skønne sang.

Mange steder i lyngen ses der gamle hjulspor, der stammer fra dengang, man hentede tørv i moserne på heden.

Lønborg Hede er også usædvanlig fordi store dele af heden aldrig har været opdyrket.

Landskabet er stort set uændret gennem 70.000 år, da forrige istid sluttede.

Naturstyrelsens område her udgør omkring 360 hektarer af heden, og heden omgives af landbrugsarealer.

På Lønborg Hede findes der tre åbne vegetationstyper:

Den første er tør hede med hedelyng og spredt klokkelyng. Den anden type er fugtig eller våd hede domineret af klokkelyng. Den sidste type er hedekær og fugtige lavninger med lejlighedsvis blankt vandspejl.

Store dele af heden blev fredet i 1970 på grund af den sjældne og særprægede natur. Lønborg Hede var oprindeligt meget større, men opdyrkningen af heden i gamle dage gjorde et stort indhug i den.

De store naturværdier på Lønborg Hede prioriteres højt, og derfor vil der ikke blive opsat hverken shelters eller andre publikumsvenlige ting på Lønborg Hede.

Området forbeholdes dermed især for det naturinteresserede publikum.

FJERBÆKVEJ 11, 6880 TARM

31 LØNBORG BORGBANKE

Et trafikalt knudepunkt

I gamle dage var her et vigtigt trafikalt knudepunkt, for skulle man over Skjern Å var overfartsstedet neden for kirken. Vigtige veje mødtes i et vejkryds ved Lønborg Kirke.

Der er rester af en gammel hulvej fra Lønborg Kirke ned til det sted, hvor overfartsstedet var i gamle dage.

En bro blev først opført i nyere tid, så skulle Skjern Å krydses, forgik det til fods i åen eller med både.

Der har givetvis været et overfartssted her siden bronzealderen for omkring 3.000 år siden, for der er ved Lønborg fundet hjulspor fra denne periode i danmarkshistorien.

Det var vigtigt for magthaverne at have fuld kontrol over overfartsstedet, ikke mindst for at opkræve told for at krydse Skjern Å.

I middelalderen lå der lidt vest for kirken en befæstning med navnet Borgvold, det vil sige et voldanlæg ved en borg. Forsvarsanlægget har ligget, hvor der nu er bevoksning og en tidligere grusgrav vest for kirken. Det var herfra muligt at holde øje med overfartsstedet.

Foruden den vigtige placering ved overfartsstedet kan kongens interesse i stedet her ved Lønborg også have været knyttet til laksefangsten i Skjern Å. Der var så mange laks i Skjern Å, at de afgifter og skatter man her fra Lønborg skulle betale til bispen og kongen, blev betalt i laks.

På en skråning lidt øst for kirken lå tidligere den hellige Sankt Knuds kilde. Opkaldt efter en katolsk helgen har den rødder tilbage i middelalderen. De vejfarende kunne besøge den på deres vej til overfartsstedet i Lønborg.

Lønborg Kirke er kendt for sine kalkmalerier, der er usædvanlige efter vestjyske forhold, og pengene til det kom sikkert fra aktiviteten omkring kilden og overfartsstedet.

BAKKEVEJ 5A, 6880 TARM

32 FLYMINDEPLADSEN

Engelsk bombefly ramte jorden her

Den 1. december 1943 fløj en engelsk bombemaskine, en Short Stirling, på togt til Skagerak. Missionen var at nedkaste miner i sejlruten fra Frederikshavn til Oslo.

Det var flybesætningens første togt, og missionen gik godt, minerne blev kastet ned, og bombeflyet vendte rundt og fløj tilbage mod England.

Over Vestjylland bliver bombeflyet opdaget af de tyske radarer. En dygtig tysk jagerpilot Gerhard Rath blev sendt op fra den tyske ø Sild i sin natjager Junker 88 for at forsøge at finde bombeflyet.

Den tyske pilot fandt bombeflyet og begyndte at beskyde det. Bombeflyet blev ramt og styrtede ned her ved Houm Enge og eksploderede.

Det er muligt, at bombeflyet stadig havde nogle miner ombord, og at det var med til at gøre eksplosionen endnu større.

Nedslaget var så voldsomt, at der kom et meget stort hul i jorden. Hullet blev meget hurtigt fyldt med vand og blev til dammen her på engen.

Besætningen på syv mand blev alle dræbt på stedet. De seks af dem kom fra Royal Air Force, og den sidste kom fra Royal Canadian Air Force.

De jordiske rester af besætningen, der kunne findes, blev begravet på Mindelunden i Esbjerg.

Der afholdes mindehøjtideligheder for de faldne piloter i forbindelse med runde årsdage for nedskydningen, og hvert år markeres Danmarks befrielsesaften den 4. maj her ved nedstyrtningsstedet.

Den dygtige, tyske pilot, der skød bombeflyet ned som hans 14. nedskydning af et allieret fly overlevede krigen og endte med at have skudt i alt 58 allierede fly ned. Han oplevede i øvrigt også selv at blive skudt ned under krigen og blev såret, men kom på vingerne igen.

BANDSBØLVEJ 49, 6893 HEMMET

33 LYDUM MØLLE

Fra kornmølle til elværk

Det tidligste, der kendes til en vandmølle her ved Lydum Å, er tilbage i 1347. Et dokument fra dette år fortæller, at bispen i Ribe, Peder Thuresen, pantsatte Lydum Mølle for at få råd til at besøge pavehoffet i Rom.

Ved reformationen kom møllen sandsynligvis under kongen sammen med det øvrige bispegods i Danmark.

Senere blev møllen, der var en kornmølle, lagt under Lydumgård. Sidst i 1700-tallet blev møllen solgt fra Lydumgård, og mølleren ejede nu den.

Stuehuset blev opført i 1809, og står stadigvæk. På gavlen er der en plade med teksten: "Ulrik Adolf Bech, Barbara Marie Bech, vort hus og hvad deri er O Herre fra ulykke fri Bygt attenhundredeogni."

I 1903 blev der oprettet et lille jævnstrømsværk på møllen, så der både var kornmølle og elværk her. Derudover var der også en købmandshandel.

Senere blev møllen og købmandsbutikken solgt fra. Elværket blev udvidet og møllebygningen blev ombygget til maskinhal for elværket.

I 2003 ophørte elproduktionen, og samme år oprettedes "Foreningen Lydum Mølle" med formålet at sikre Lydum Mølle som et omdrejningspunkt for historieformidling, kulturmiljø og naturoplevelser.

Derudover vil foreningen fortælle om Lydum Mølle som vandmølle mange hundrede år tilbage i tiden, som demonstrationsanlæg for strømproduktion i starten af industrialiseringen i begyndelsen af 1900-tallet og som et rekreativt område for lokale og turister.

Skoleelever og andre kan bruge stedet som lejrskole, hvor eleverne lærer om brugen af naturens kræfter til at producere strøm.

Der er opført et madpakkehus og shelters, der kan bruges af alle, samt en lille havn.

ÅVEJ 31, 6830 NØRRE NEBEL

34 LUNDE BARFRED

Det kongelige herberg

På hjørnet af Lundtangvej og Barfredsvej boede den danske konge, når han var i denne egn af Danmark. Her indlogerede han sig med sit store følge, når der skulle overnattes på rejsen rundt i den vestligste del af riget.

Ordet "barfred" kommer af det tyske ord "Bergfried", der betyder et befæstet anlæg eller beskyttelse. Det kan også betyde "Kongsherberg".

"Barfrede" ses i kilder fra 1500-tallet om kongelige herberger, nogle gange lå de på eller tæt ved præstegårde. Det passer fint med stedet i Lunde, for i gamle dage lå der en præstegård her på stedet.

Det var vigtigt for kongen at have nogle gode og sikre steder på rejsen, som han og sit følge kunne overnatte på.

Der er kun resterne af en stenkælder fra middelalderen tilbage, det vides ikke, hvordan Lunde Barfred så ud dengang.

Kong Christian III. var her i 1537 for en dag med hele sit rytteri. Det skete på hans lange rejse fra Ribe til Aalborg. Kongens rejseplan er bevaret for denne tur.

Undervejs på rejsen var der ophold i Bryndum, Varde, Lunde, Lundenæs, Ringkøbing, Ulfborg/Thim, Holstebro, Lemvig, Lerup, Ingstrup og Børglum.

Det var yderst bekosteligt for sognet, at at sørge for mad og drikke til kongen og hans følge, og der er bevaret en liste over, hvad der skulle bruges til natopholdet i Lunde Barfred på rejsen i 1537.

Der skulle blandt andet leveres: 1½ oksekrop, otte fårekroppe, 30 høns, en halv tønde salt, 30 store tørre torsk, 300 tørre flyndere, 300 tørre hvillinger, et fad smør, 10 sider flæsk, 40 tønder øl, 100 tønder havre, fersk fisk, æg, løg, gryn, brød og staldrum, hø og stråfoder til 280 heste.

Der er ved siden af resterne af kælderen opstillet et mindesmærke for Lunde Barfred.

LUNDTANGVEJ 57, 6830 NØRRE NEBEL

35 VRØGUM KÆR

Kæret med de mange ansigter

I 2005 købte Danmarks Naturfond Vrøgum Kær for at bevare et stykke af områdets særegne natur.

Kærets historie hænger sammen med historien om søen Filsø. Vrøgum Kær indeholder blandt andet den oprindelige Filsøs sydlige bred.

Oprindeligt var Filsø meget større, end den er nu, men afvanding fra midten af 1800-tallet frem til nutiden reducerede størrelsen af søen fra omkring 3.000 hektarer til 600 hektarer. Der er spor efter afvandingen i form af terrasseskrænter.

Vrøgum Kær har et stort fald i terrænet, og længst mod syd er der indlandsklitter skabt af flyvesand, som siden afløses af fattigkærsområder og mosaikker af flere andre naturtyper.

Fattigkær er fugtige og næringsfattige områder med sur bund.

Der er i området også overgangsfattigkær, som har lidt mere næringsrig jord end fattigkær.

Kæret er også påvirket af udsivende grundvand, trykvand, hvilket giver særlige vækstbetingelser for nogle plantearter.

Længst mod nord findes områder med ekstremrigkær, der er en sjælden naturtype i Vestjylland.

Et rigkær er en naturtype, der består af moser og enge med vandmættet jordbund med kalkholdigt grundvand. En sjælden variant af rigkær er et ekstremrigkær, som findes på særligt kalkrig bund.

Den markerede sti med hvide pæle skal følges for at undgå de mest sumpede områder. Planter må ikke graves op, og blomster må ikke plukkes.

Det anbefales at tage gummistøvler på, for der kan godt være lidt sumpet nogle steder på stien.

TELEFONVEJ, 6840 OKSBØL

36 KÆRGÅRD BÅKE

Den næstsydligste båke

I den store Kærgård Klitplantage findes den næstsydligste af de tilbageværende båker.

Ved Kærgård rejstes den omkring 12 meter høje båke på en sandklit omkring 300 meter fra havet.

Syd for båken i Kærgård findes den sydligste af de tilbageværende båker, Ringebjerge Båke.

Oprindeligt var der også opført en båke tæt ved det nuværende Blåvandshuk Fyr. Det var dengang den sydligste båke på den jyske vestkyst. Men den fik en meget kort levetid.

Allerede to år efter den blev rejst, blev den lavet om til at være et båkefyr, som er en lidt anden slags båke med fyr i toppen. I 1900 afløste det nyopførte Blåvandshuk Fyr båkefyret.

Der var som tidligere skrevet opført 25 båker langs den jyske vestkyst i perioden 1884 til 1885.

Båkerne fik en lidt forskellig skæbne. Den første, der forsvandt, var som skrevet båken i Blåvand. Det samme skete for båken ved Rubjerg Knude, da Rubjerg Fyr blev tændt i 1900. Da Lyngvig Fyr blev tændt i 1906, skete det samme for båken ved Klegod.

Båken ved Bulbjerg blev fjernet i 1915, da det nyopførte Bulbjerg Badehotel skyggede for den.

Andre blev fjernet, efter de var blev beskadiget, og blev ikke genopført. Det gjaldt for båkerne ved Bjergehuse, Thyborøn, Agger og Klitmøller. Båkerne ved Tversted og Spirbakken blev fjernet af andre årsager.

Under besættelsen fjernede tyskerne båkerne i Svinkløv, Blokhus (genopført i 2006), Kjettrup og Kandestederne.

KÆRGÅRDVEJ 9B, 6840 OKSBØL

37 DE TILSANDEDE EGE

Den underjordiske skov

I Kærgård Klitplantage har egetræerne tilpasset sig de barske forhold ved Vestkysten.

Nede i klitternes sand vokser der en underjordisk skov af egetræer, og det virvar af nye og gamle egetræer og grene, der ses på dette sted i klitplantagen, er toppen af disse flere hundrede år gamle egetræer.

De gamle egetræer blev med tiden dækket til af flyvesand og kom efterhånden til at ligge begravet i sand.

I foråret kan man se forskelligheder i løvets farver og tidspunkt for løvspring, fordi de nye skud stammer fra forskellige egetræer nede i klitternes sand.

Den underjordiske skov blev dækket af sand, men til gengæld er den nu med til at holde på sandet. Sandet har ikke så nemt ved at flytte sig i kraftig blæst, som det har andre steder.

Agern fra egetræerne blev under den tyske besættelse af Danmark fra 1940 til 1945 anvendt til at lave erstatningskaffe, det var trods alt bedre end helt at undvære den rigtige kaffe.

Den røde vandrerute på omkring to kilometer, går forbi de tilsandede ege. Det samme gør den noget længere gule vandrerute på omkring 4,5 kilometer også.

Fortsættes turen ad den gule vandrerute går turen forbi Gråmulebjerg, som er en 30 meter høj klit med en imponerende udsigt ud over landskabet.

Der er også en grøn vandrerute på omkring tre kilometer, som starter længere ude mod vandet. Vandreruten kaldes Kærgård Strandsti, er en tankevækkende tur, for den går gennem et af Danmarks mest forurenede områder.

Grindstedværket dumpede i perioden fra 1957 til 1973 omkring 300.000 tons giftigt spildevand her. Der er badeforbud på denne del af Vestkysten. Der er opsat informationstavler om forureningen og om rensningen af området.

KÆRGÅRDVEJ 9, 6840 OKSBØL

38 FILSØ

Den moderne bro i den nye sø

I 2010 købte Aage V. Jensen Naturfonden området bag klitrækkerne ved Henne Strand. Dengang var der kun marker her.

Naturfonden havde et ønske om at genskabe søen Filsø, som gennem mange år var blevet mindre og mindre på grund af afvanding. Søen kunne landmændene ikke leve af, derfor afvandedes den for at få mere landbrugsjord.

For at genskabe søen blev tørlægningspumpningen stoppet, diger blev fjernet, og afvandingsgrøfter blev fyldt op.

Filsø er nu oppe på at have en tredjedel af den størrelse, den oprindeligt havde i starten af 1800-tallet. Vandstanden i søen er omkring en til tre meter.

Fuglene er kommet tilbage, og i dag yngler omkring 70 forskellige fuglearter ved søen.

Filsø blev udvalgt til at indgå i et projekt, hvor naturen bliver formidlet og fremvist gennem besøgssteder af høj arkitektoniske kvalitet.

Der blev anlagt en ny adgangsvej ned til søen og en ny parkeringsplads. Derudover blev der opført et besøgscenter med udstillinger, undervisningslokaler, madpakkesteder og toiletter.

Besøgscenteret er afsæt for en smuk elipseformet bro, der fører besøgende en tur gennem klithede, sump og ikke mindst Filsø.

Broen er blevet til i et samarbejde mellem landskabsarkitekterne Schønherr, Realdania, Aage V. Jensen Naturfond og Naturstyrelsen.

Omkring 300 meter syd for broen ses en lang dæmning, der deler søen.

Det kan anbefales at gå en tur på den og nyde udsigten ud over Filsø og markerne omkring den.

KÆRGÅRDVEJ 20, 6854 HENNE

39 HENNE MØLLE Å

PH's badehotel

Lidt syd for Henne ligger Henne Mølle Å, som udspringer af Filsø og løber ud til Vesterhavet.

Åen ændrer sit udseende efter årstider, vind, vandmængder og strømmen. Efter en stærk storm med masser af regn stiger vandstanden selvfølgelig, og det medfører også, at meget sand fra klitterne bliver ført ud i havet.

Efter en storm stoppede udløbet til Vesterhavet til, og det medførte store oversvømmelser i området, da vandet ikke kunne løbe ud i havet.

Tæt ved åens udløb, bag klitterne, ligger det smukke badehotel, Henne Mølle Å Badehotel.

Historien om badehotellet startede i begyndelsen af 1930'erne. Under en ferie på Henne Strand fik den københavnske kok Othillia Thorup idéen om at etablere et badehotel her.

Sammen med hendes søster Thekla Thorup og arkitekten Poul Henningsen blev badehotellet tegnet i 1935. Allerede året efter, i 1936, blev det opført langs den yderste klit.

Da hotellet blev opført, blev der ikke indlagt strøm, så de berømte PH-lamper kunne ikke bruges på badehotellet i første omgang. Mange år senere blev de berømte lamper dog sat op.

Under krigen beslaglagde tyskerne badehotellet, som de gjorde ved badehoteller langs det meste af Vestkysten.

Den ene søster døde i 1948, men den anden søster drev det videre til 1954. Derefter blev det solgt til nevøen Svend Thorup, som dog straks forærede hustruen badehotellet.

Badehotellet drev hun frem til 1986. I 1987 overtog De Frie Firmafunktionærer, som i dag driver det videre som badehotel, restaurant og kursuscenter.

HENNEMØLLEÅVEJ 6, 6854 HENNE

40 BLÅBJERG STENEN

"Hvor der er Vilje, er der Vej"

I 1908 blev en stor bornholmsk granitsten rejst på toppen af klitten her i Blåbjerg Plantage. Stenen blev sejlet fra Bornholm til Esbjerg og derfra fragtet med hestevogn hertil.

Stenen blev rejst til minde om Kammerherre Thyge de Thygeson (1806-1905), som ledede beplantningen af Blåbjerg Plantage i mange år.

På stenens forside er der indhugget: "Klitinspektør Kammerherre Thyge de Thygeson (1806-1905) ledede Klittens Beplantning i fire og fyrretyve Aar" På bagsiden af stenen står der: "Hvor der er Vilje, er der Vej".

Blåbjerg Klit er med sine omkring 64 meter i højden Danmarks højeste klit. Den ligger i den sydlige del af Blåbjerg Klitplantage.

Det er egentlig lidt misvisende at kalde det en klit, for i virkeligheden er det en morænebakke, der er dækket af sand.

Den blev tidligere brugt som sømærke, da den ses meget tydeligt ude fra havet.

Klitten har også været brugt som bavnehøj, hvor der kunne tændes et bål for at signalere eksempelvis fare. Dengang hed den Sortbjerg.

Under besættelsen indrettede tyskerne en observationspost på toppen, og de opførte også bunkere inde i klitten.

Der er en imponerende udsigt fra toppen af klitten, og det skulle efter sigende være muligt at se rigtig mange kirketårne i klart vejr. Det skulle være muligt at se toppen af Ribe Domkirke.

Mod syd ses Henne Strand og mod nord Tipperne og Ringkøbing Fjord. Mod sydøst ses Filsø og Henne Kirke.

Blåbjerg Plantage er et populært udflugtsmål på grund af det store dyreliv og naturen. Der er mange afmærkede stier til traveture og cykling.

HIMMELVEJEN, 6830 NØRRE NEBEL

41 SOLDATERGRAVEN

Svigtet af sine kammerater

Moralen blandt de tyske soldater i foråret 1945 var lav, for ingen kunne være i tvivl om, at Tyskland ville tabe krigen.

Det gjaldt også for en deling tyske soldater her i Vestjylland. De var indkvarteret i Hjortehuset i Blåbjerg Klitplantage.

Der var under besættelsen en baraklejr i området. Det var en lille lejr bestående af tre til fire barakker til indkvartering af infanterister, der havde ansvar for sikring af kysten ved Houstrup Strand.

Delingen havde den 2. maj 1945 om aftenen besluttet sig for at overmande deres ledende befalingsmand og stikke af. Det skulle foregå næste morgen.

Hvem der anførte og ansporede til mytteriet, vides ikke med sikkerhed, men det menes at være en menig soldat, der hed Zühler til efternavn. Han var først fornyligt blevet tilknyttet delingen.

Næste morgen angreb Zühler den ledende befalingsmand. Desværre havde resten af delingen fået kolde fødder og svigtede ham. Ingen hjalp ham med at overmande befalingsmanden.

Den menige soldat blev skudt i kamp mod befalingsmanden.

Hans lig blev hastigt begravet her på stedet og fik lov til at blive liggende indtil 1986, for de danske og tyske myndighederne havde ikke fået registreret hans grav. Under de store tyske gravflytninger i midten af 1960'erne blev hans grav derfor ikke flyttet.

Først engang i midten af 1980'erne blev de tyske myndigheder klar over gravens eksistens og fik tilladelse af de danske myndigheder til at grave hans jordiske rester op og flytte dem til den store flygtninge- og soldaterkirkegård i Oksbøl.

På hans gravkors står der blot "Ein ubekannter deutscher Soldat".

HOUSTRUP STRANDVEJ 21, 6830 NØRRE NEBEL

42 PARADISSTIEN

Paradiset ligger ved Houstrup Strand

Ved parkeringspladsen ved Houstrup Strand starter turen. Følg den markerede rute tilbage ad Houstrup Strandvej. Når du når til Paradisstien, skal du dreje mod nord ind i inderste klitrække.

Paradisstien slynger sig gennem klitterne i kanten af klitplantagen, og her vil du opleve den specielle vestjyske natur.

Efter godt en kilometer med betagende vandring svinger den til venstre ud mod havet. På højdedraget er der en rigtig fin udsigt ud over klitsøerne.

Ved den sydligste klitsø fører en bro over vandet, og herfra følges et tydeligt spor langs søen tilbage til Gabsandet. Der er mulighed for at se løsgående kreaturer gå og græsse og drikke vand langs tilbageturen.

Det anbefales at gå turen i et langsomt tempo og nyde den smukke natur omkring.

Tilbage på parkeringspladsen er der mulighed for at gå ned på Houstrup Strand og tage en dukkert.

Området omkring Houstrup Strand har brede badestrande med høje klitter og god mulighed for læ. Trods det brusende og forfriskende Vesterhav er stranden ved Houstrup blevet tildelt Det Blå Flag.

Et par hundrede meter syd for stranden ved parkeringspladsen er der en officiel fribadestrand. Det betyder såmænd bare, at man må bade nøgen her, hvis lysten er til det. Dog skal man holde sig til den markerede del af stranden.

Houstrup Strand er ikke overrendt af badegæster om sommeren, men det er slet ikke, fordi den ikke er attraktiv. Den er bare ikke så kendt blandt danske og udenlandske turister.

Hele området omkring Houstrup Strand er generelt utroligt flot og byder på en meget varieret natur.

HOUSTRUP STRANDVEJ 31, 6830 NØRRE NEBEL

43 LØNNE GL. KIRKEGÅRD

Sand og vand sled den gamle kirke ned

I 1904 blev den nuværende Lønne Kirke opført. Den afløste den gamle kirke, som lå 200 meter syd for den nuværende kirke. En stor del af inventaret fra den gamle kirke blev anvendt i den nye kirke.

Et sagn fortæller, at den gamle kirke blev flyttet to gange og at en ondskabsfuld trold væltede kirketårnet. Derfor havde den gamle kirke ikke et kirketårn.

Den gamle kirke blev revet ned i 1903 og en ny blev opført i 1904. Den middelalderlige kirke var nedslidt af mange års sandflugt og vand. Den var opført af strandsten, tuf og granit og havde ikke et kirketårn. Lønne Sogn var et meget fattigt sogn og havde ikke råd til at vedligeholde kirken.

Sidst i 1600-tallet stod sandbankerne så højt op ad kirken, at menigheden måtte grave sig vej ind i kirken. Da de endelig kom ind i kirken, stod grundvandet om fødderne på den stakkels menighed.

Den gamle kirkegård fik lov til at blive liggende, da den nye kirke blev opført og fik en ny kirkegård. Der er på kirkegården markeret, hvor den gamle kirke stod. De gamle gravsten og gravkors står tilbage og forvitrer med tiden.

En tidligere præst ved den gamle kirke Jens Hansen Rusk fik den tvivlsomme ære at blive brændt for trolddom i 1611.

Det var umuligt for den omkring 30-årige præst at leve af lønnen som præst, så for at tjene lidt ekstra optrådte han blandt andet på markeder som en klog mand, der kunne helbrede sygdomme. Det var ikke ufarligt, og det endte desværre med, at han blev anklaget af myndighederne for at være en troldkarl.

Hans navnetræk kan for øvrigt ses på den gamle prædikestol, som nu står i den nye kirke.

På den nye Lønne Kirkegård blev der i 1947 rejst en mindesten for de flygtninge, der blev begravet her i 1945-1946.

HOUSTRUPVEJ 131, 6830 NØRRE NEBEL

44 HATTEBJERGET

Solnedgangen kan nydes her

Toppen af denne højtliggende klit i Nyminde Plantage kaldes for Hattebjerget. Der er på toppen opført en udsigtsplatform i træ.

Nyminde Plantage ligger langs østkanten af Nymindestrømmen. Mod nord støder den op til Nymindegab og mod syd til Blåbjerg Plantage. Mod øst støder den op til store sommerhusområder.

Ud mod Vesterhavet er der bjergfyr, og bag bjergfyrrene ligger der almindelige fyrretræer. Den nordlige del af plantagen er anlagt i 1890. Den sydlige del blev anlagt få år senere.

Samlet udgør de to plantager, Blåbjerg og Nyminde, en af vestkystens største plantager med et areal på omkring 3.500 hektarer, hvoraf omkring halvdelen er skovbevokset.

Størrelsen af plantagerne svarer til størrelsen af omkring 4.900 fodboldbaner.

Mellem Hattebjerget og Vesterhavet ses Nymindestrømmen, som nu ligner små aflange søer bag stranden.

Nymindestrømmen er resterne af det gamle udløb fra Ringkøbing Fjord og var engang en sammenhængende "flod" fra fjorden.

Gammelgab ses længst mod syd. Navnet Gammelgab stammer fra Ringkøbing Fjords gamle gab, det var her, at vandet i fjorden engang løb ud i Vesterhavet.

Det gamle gab sandede til, da kanalen ved Hvide Sande blev taget i brug i 1931, og vandet blev ledt ud i Vesterhavet i stedet for at løbe ud her.

For at komme hen til Hattebjerget følges skiltene "Hattebjerget" langs vejen. Der er en sti fra vejen hen til Hattebjerget, der skal vandres omkring 500 meter på stien for at komme frem, afhængig af om bommen er nede eller ej.

Hattebjerget er et perfekt sted at nyde solnedgangen og en sen picnickurv med et glas rødvin.

ULVEDALVEJ, 6830 NØRRE NEBEL

45 NYMINDEGAB REDNINGSSTATION

Mange liv blev reddet herfra

Redningsstationen ved Nymindegab er blevet flyttet nogle gange siden starten i 1857, for landskabet ændrede sig løbende.

Ringkøbing Fjord var oprindeligt en bugt, men landtanger kom til fra syd og nord og afskar efterhånden fjorden fra Vesterhavet.

Der var udløb til havet ved Sønder Haurvig omkring 1650, men udløbet, kaldet Gabet, flyttede sig med tiden længere mod syd. I 1730 lå udløbet ved Bjerregård. I 1800 lå det ved Nymindegab for til sidst at ende ved Houstrup Strand omkring 1845. En rejse på 15 kilometer på 200 år.

Gabet sandede efterhånden til, og der blev sidst i 1800-tallet og i årene frem udgravet kanaler, som også sandede til jævnligt.

I starten af redningsstationens historie var det altså nødvendigt at flytte den, i takt med at Gabet flyttede sig for at sikre adgangen til Vesterhavet.

Den nuværende placering fik den i 1892, og der kunne sejles ud til Vesterhavet herfra. Der skulle fire store trækheste til at trække redningsbåden ned til vandet, hvad enten det var her ved redningsstationen eller ved Vesterhavet.

Der var tilknyttet 12 redningsmænd og fire reserveredningsmænd til redningsstationen. Redningsstationen var i drift indtil 1966, dog fik den lov til at fortsætte som raketstation indtil 1975.

Der blev reddet mange liv fra Nymindegab Redningsstation. Omkring 125 mennesker reddede livet ved hjælp af de tapre redningsmænd. Omkring halvdelen blev reddet udelukkende ved hjælp af redningsbåden, en fjerdedel blev reddet, ved hjælp af raketter med liner affyret fra kysten. Den sidste fjerdedel blev reddet ved hjælp af både redningsbåden og raketter.

Inde i redningsstationen står Danmarks ældste redningsbåd fuldt udrustet med raketter, redningsliner og redningsstol. Redningsbådsmuseet hører under Museet for Varde By og Omegn.

REDNINGSVEJEN 71, 6830 NØRRE NEBEL

46 VÆRNHYTTERNE

Jægernes omstridte hytter

Normalt findes der ikke jagthytter i nærheden af et vigtigt fuglereservat. Men her på Værnengene er det anderledes.

Området er ikke særligt gammelt. For nogle hundreder år siden begyndte der at ske naturlige ændringer i fjordens udløb til havet. Vandet løb ud mere sydligt end tidligere, og det medførte også ændringer i landskabet.

Derved opstod der en halvø, Tipperhalvøen, i den sydlige del af Ringkøbing Fjord.

På den nordligste del af halvøen ligger fuglereservatet Tipperne, som er meget vigtig for mange sjældne trækfugle.

Den sydligste del af halvøen, Værnengene, minder meget om Tipperne. Men til forskel fra fuglereservatet bliver der her drevet fuglejagt, og der er et område med gamle jagthytter, Værnhytterne.

Gennem mange år opførte jægere og småfiskere små hytter her.

De blev opført af de materialer, der var til at få fat i rundt omkring, for eksempel genbrugsmaterialer fra nedrevne bygninger, affaldstræ eller tømmer, der var drevet i land på kysten.

Da det statsejede område Tipperne blev fredet i 1928 og udlagt som fuglereservat, begyndte balladen om Værnhytterne så småt. Hytterne på det privatejede Værnengene var i mange år en torn i øjet på fredningsmyndighederne.

I 1970'erne blev Værnengene også fredet, og fredningsmyndighederne påbød, at hytterne skulle fjernes senest i 1995. Efter mange års strid fik hytterne lov til at blive liggende som et bevaringsværdigt kulturminde.

Til gengæld måtte de 327 hytter ikke udvides eller få indlagt el og vand.

De fleste af hytterne bruges stadig som jagthytter i forbindelse med fuglejagten i området.

TIPPERVEJ 3, 6830 NØRRE NEBEL

47 LILLE MJØL BADEBRO

Den skæve bro til fjorden

Jagt- og fiskehytterne i dette område, Værnhytterne opstod spontant, da jægere, der søgte ly for natten, for næste dag igen at gå jagt og skaffe føde til familien, byggede primitive træskure som læ mod vind og vejr.

Der er tre områder med hytter: Store Mjøl, Lille Mjøl og Grønbjerg.

Det største område er Store Mjøl, derefter kommer Grønbjerg, og som det mindste område kommer Lille Mjøl, der ligger ud til Ringkøbing Fjord.

Lille Mjøl har til gengæld et badebroslaug, som vedligeholder badebroen fra Lille Mjøl ud til Ringkøbing Fjord.

Selve broen er omkring 70 meter lang, og der er et langt tilløb inde fra land inden broen når ud til vandet.

Badebroen er nok mere beregnet til bådene end til badende.

Det er et rigtig godt sted at sidde og nyde solnedgangen hen over fjorden og klitterne bag Vesterhavet. Der er mulighed for at tage nogle gode billeder på broen.

Den lavvandede Ringkøbing Fjord er den største af de vestjyske fjorde, og den er omgivet af store strandenge.

Fjorden er et meget vigtigt område for mange vandfugle, og to tredjedele af fjorden er udlagt som fuglebeskyttelsesområde.

Om efteråret er der mange trækfugle, der holder rast her på turen sydpå for at søge føde, inden turen går videre til Vadehavet eller til områder længere nede i Europa.

Det er blandt andet store flokke af gæs og ænder, der holder rast i området.

Fugleinteresserede kan på gode dage være heldige at se forskellige arter af rovfugle.

LILLE MJØL, 6830 NØRRE NEBEL

48 ESEHUSENE

Vesterhavnens hytter

Ved Gabet efter Nymindegab ligger den lille havn, Vesterhavn, idyllisk ud til Ringkøbing Fjord. Det er her, der er mulighed for at besøge de såkaldte esehuse.

I gamle dage holdt fiskerne til omkring Nymindegab, for dengang var geografien anderledes. I dag er passagen fra Ringkøbing Fjord ud til Vesterhavet ved Hvide Sande, men før i tiden var passagen ud til havet her ved Gabet.

Ordet "ese" betyder at klargøre fiskekroge og at sætte madding på dem. Det var oftest pigerne, der gjorde dette arbejde. En esepige kunne på en dag nå at klargøre fire bakker med hver 600 fiskekroge fordelt på tre liner. Mændene fiskede eller sørgede for maddingen til fiskekrogene.

I foråret tog gårdenes tjenestepiger afsted til esehusene, og her boede og arbejdede de indtil sidst i juni.

Esehusene bestod af fire hytter. De tre af dem blev anvendt som boliger for esepigerne. Den fjerde hytte blev anvendt til at opbevare redskaber og til arbejdet med fiskekrogene.

Hytterne var opført som A-huse, og blev opført af de materialer, der var ved hånden. Noget var strandingsgods, og til gulvet var der blandt andet brugt gamle skibsluger.

Ved Vesterhavn er der rekonstrueret tre af disse hytter. De originale hytter, esehusene, blev pillet ned og flyttet til Frilandsmuseet ved København for mange år siden.

Ved fjorden ligger den historiske fiskekutter V6 "Æ Gaf" fra 1913. Den er områdets ældste fiskekutter, som er i stand til at sejle. Motoren er på 30 hestekræfter og vejer næsten et ton. Det er en langsommelig proces at få den startet.

Ordet "ese" indgår i øvrigt i Esbjergs navn.

VESTERHAVSVEJ 330, 6830 NØRRE NEBEL

Milton Keynes UK
Ingram Content Group UK Ltd.
UKHW032041191024
449815UK00008B/54